CHARLEMAGNE

Les influences religieuses,
militaires et culturelles de l'empereur d'Occident

Par David Cusin
Sous la direction de Benoît-Joseph Pedretti

50MINUTES.fr

CHARLEMAGNE

INTRODUCTION

Qui n'a jamais entendu parler de Charlemagne, ce personnage mythique que l'on désigne souvent comme « l'empereur à la barbe fleurie » ? Si son nom nous est certes familier, peu nombreux sont ceux qui connaissent véritablement son histoire, pourtant ô combien passionnante.

Charlemagne est en effet une personnalité des plus fascinantes. Régnant conjointement sur le royaume franc avec son frère Carloman (751-771) à partir de 768, il se trouve seul à la tête de celui-ci trois ans plus tard et décide de l'étendre au point qu'en quelques années seulement il se constitue un véritable empire, l'un des plus vastes que l'Occident ait connu depuis l'Empire romain. Guerrier infatigable autant que soldat chrétien, il convertit de force les peuples qu'il soumet au cours de nombreux affrontements. Désireux de créer un empire chrétien européen, il se fait couronner empereur à Rome en 800 et travaille activement à la construction d'un vaste espace politique, culturel et religieux dont le centre se situe à Aix-la-Chapelle. Depuis sa nouvelle Rome, il contrôle son immense territoire en s'appuyant sur l'aide d'envoyés spéciaux, les *missi dominici* (« envoyés du Seigneur »), qu'il dépêche aux quatre coins de l'empire afin de faire respecter les capitulaires et les ordonnances qu'il promulgue.

Il encourage en outre un retour à la culture antique et donne l'élan à une période très féconde au niveau culturel et artistique. L'éducation des élites devient l'une de ses priorités, et les écoles monastiques, les principaux centres artistiques et culturels de l'époque, fleurissent et sont à l'origine d'une production d'une qualité remarquable.

Il est vrai que le regard que l'on a porté sur Charlemagne au cours des siècles a souvent changé. Mais si sa souveraineté a vite été teintée d'une part légendaire et édifiante, il n'en reste pas moins que sa vie fut exceptionnelle et l'influence de son règne immense sur la société médiévale occidentale.

DONNÉES CLÉS

- **Naissance ?** Le 2 avril 742 ou 747.
- **Mort ?** Le 28 janvier 814 à Aix-la-Chapelle (royaume des Francs).
- **Apports majeurs ?**
  - Création d'un nouvel empire d'Occident.
  - Grand artisan d'un retour à la culture latine, il est à l'initiative de la renaissance carolingienne.
  - Mise en place d'un système vassalique qui préfigure la création des différents ensembles territoriaux durant le Moyen Âge.

BIOGRAPHIE

| L'Empereur Charlemagne, tableau d'Albrecht Dürer, 1511-1513.

UN ROI GUERRIER (768-785)

On ne sait que bien peu de choses sur la vie de Charlemagne avant son avènement en 768. Le lieu de sa naissance est incertain et il n'est guère sur le devant de la scène avant la mort de son père Pépin le Bref (roi des Francs, 714-768). On sait en revanche qu'il ne gouverne pas seul comme le veut la tradition germanique. Il hérite avec son frère, Carloman, du royaume paternel. Ce règne partagé prend fin assez rapidement puisque ce dernier meurt en 771 dans des circonstances encore obscures, laissant à Charles l'intégralité du royaume.

Mais, avant même sa prise de pouvoir individuelle, Charlemagne occupe une place plus importante que son frère et démontre déjà tous ses talents militaires en soumettant l'Aquitaine alors révoltée. Il doit sa première grande campagne militaire au pape Adrien Ier (mort en 795) qui fait appel à lui en 772 car les Lombards, à la tête desquels se trouve le roi Didier (vers 710-vers 774), menacent le Saint-Siège. Charlemagne voit là une formidable occasion d'étendre ses possessions et de consolider ses relations avec le pape. En 773, il traverse les Alpes et, après un siège de quelques mois, s'empare de Pavie, la capitale lombarde, et se fait couronner roi des Lombards en 774.

Si les Lombards se sont avérés plutôt dociles, il en va tout autrement des Saxons qui se trouvent au nord-est de l'Europe et contre lesquels Charlemagne mène plusieurs campagnes par la suite. À partir de 772 et surtout de 776, il conduit une véritable guerre d'usure contre ces populations païennes très peu romanisées. Il lui faudra plus de 20 ans pour juguler les Saxons et soumettre leur chef, Widukind (mort vers 810), qui se fait baptiser en 785 suite à sa défaite. Malgré cette soumission, la Saxe reste un territoire à part dans le royaume, et il faut attendre la fin du VIIIe siècle pour que les révoltes cessent et que la tutelle franque soit acceptée.

| Charlemagne reçoit la soumission de Widukind de Paderbom, tableau d'Arry Sheffer, 1840.

Les guerres que Charles mène, sans répit, sont nombreuses et ont lieu sur des fronts multiples, au point de faire de lui le souverain chrétien le plus puissant d'Occident. Fort de son autorité et de sa puissance, Charles a toutes les cartes en main pour renforcer son pouvoir déjà immense.

LE COURONNEMENT IMPÉRIAL (800)

En 799, le pape Léon III (750-816), inquiété depuis 795 par l'aristocratie romaine qui conteste avec véhémence son autorité, fait appel à Charlemagne afin de régler cette situation compliquée. Mais, en intervenant, le roi des Francs s'expose à une réaction de l'Empire byzantin, héritier légitime de l'Empire romain qui garde un œil jaloux sur les affaires italiennes. Or, en cette fin du VIIIe siècle, l'Empire byzantin est terriblement affaibli par des luttes internes et des querelles théologiques, ce qui laisse le champ libre à Charles.

Aux alentours de Noël 800, il se rend à Rome afin de se faire l'arbitre des accusations proférées à l'encontre du pape. Ce dernier, déterminé à gagner l'appui de Charles, le fait couronner empereur.

| Couronnement de Charlemagne par le pape Léon III.

Selon le biographe de Charles, le nouvel empereur serait sorti mécontent de la cérémonie, car le pape a pris l'initiative de le couronner avant même que le peuple l'acclame, comme le veut la tradition byzantine. Cet épisode et les réserves émises par son biographe sur la tenue de la cérémonie sont particulièrement révélateurs des intentions de Charlemagne et de la réflexion théologique et politique dont l'entourage du souverain a fait preuve. Il s'agissait en effet pour lui de consacrer 30 années passées à affermir le pouvoir politique et de donner au vaste territoire conquis une unité religieuse. Le sacre par le pape confère à Charlemagne une autorité indéniable, et ses victoires militaires font de lui un nouveau Constantin (empereur romain, entre 270 et 288-337) à la dignité impériale incontestable. Il n'est désormais plus Charles, mais bien Carolus Magnus, Charles le Grand, Charlemagne.

UN EMPIRE À GOUVERNER (800-814)

Désormais à la tête d'un immense empire, Charlemagne doit mettre en place une politique capable de diriger un territoire tel qu'on n'en a plus vu en Occident depuis la fin de l'Empire romain. Militairement déjà, Charles ne s'arrête pas après sa victoire sur les Saxons. Fort de sa puissante armée, il étend son domaine d'influence en Frise, en Bavière et contre les Avars en Pannonie (actuels Balkans). Afin de consolider les frontières impériales, il crée des marches qui seront autant de territoires « fortifiés » censés protéger l'empire des incursions ennemies.

Pour gouverner ce solide empire, Charles a besoin d'une capitale. Il fait ériger à Aix-la-Chapelle une cité de pierre construite autour de son palais impérial qui est achevé en 806 et où il passe beaucoup de temps à la fin de son règne. De là, il gouverne grâce aux capitulaires (acte d'application de la loi) et aux *missi dominici* qu'il envoie à travers son empire afin de faire appliquer les lois qu'il promulgue.

Alors qu'il se fait vieux, Charlemagne prévoit sa succession et, selon la coutume germanique, envisage de diviser son empire entre ses cinq fils. Mais seul survit celui qui deviendra Louis le Pieux (778-840) qu'il associe directement au pouvoir en 813 en le faisant couronner. Charles meurt peu après, en 814, alors qu'il entre dans sa 72e année.

CONTEXTE POLITIQUE, SOCIAL ET ÉCONOMIQUE

CHARLES MARTEL ET LA DYNASTIE CAROLINGIENNE

Les VIIe et VIIIe siècles sont des périodes capitales pour l'histoire de la Gaule et du peuple franc puisque le pouvoir royal, détenu jusque-là par les Mérovingiens, s'effrite au profit de deux grands personnages appartenant à la famille des maires du palais d'Austrasie : Charles Martel (vers 688-741) et Pépin le Bref.

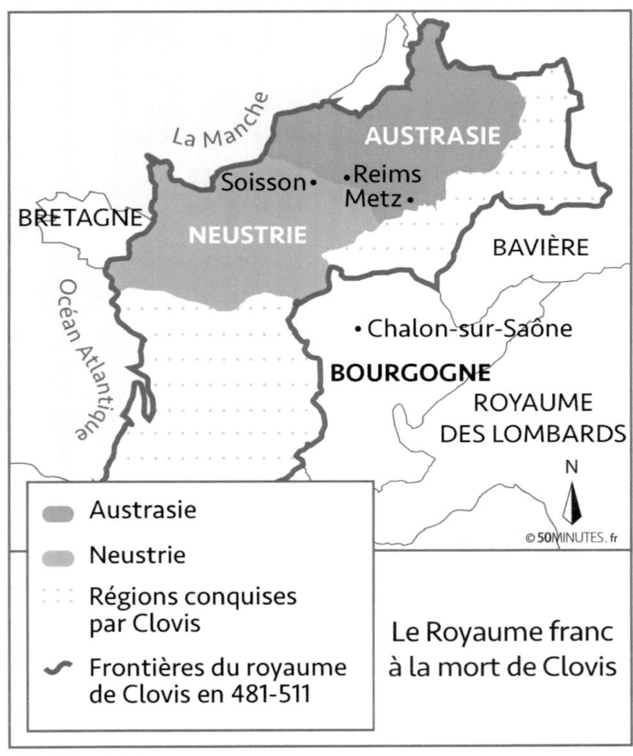

Depuis la mort de Clovis (vers 465-511), le royaume franc est divisé entre l'Austrasie (centrée autour de Reims et Metz), la Neustrie (centrée autour de Soissons) et la Bourgogne (Chalon-sur-Saône). Ces trois royaumes sont tantôt unifiés sous l'impulsion de rois puissants, comme Dagobert Ier

(vers 600-638), tantôt divisés entre plusieurs souverains. Mais, en réalité, à partir du début du VIIe siècle, c'est le maire du palais qui prend un ascendant considérable sur les rois et qui gouverne les royaumes. Cette fonction est occupée par les ancêtres de Charlemagne, les Pippinides ou Pépinides – du nom de Pépin de Landen (vers 580-640), le grand-père de Charles Martel – jusqu'à Pépin de Herstal (vers 635 ou 640-714), le père de ce dernier.

Les maires du palais étaient à l'époque les plus hauts dignitaires de la cour mérovingienne. Ce sont en effet eux qui supervisaient les personnes chargées d'aider le roi dans ses tâches. Issus du *maior domus* (« maître de la maison ») de la monarchie barbare, ils sont à la tête de la domesticité. Ils participent activement à la conduite des affaires du royaume et supplantent parfois le prince dans cette fonction. Ils peuvent en outre également participer à la fonction législative et délivrer des diplômes. Ils disposent de revenus tirés de leur fortune personnelle, mais également du fisc royal.

Charles Martel est surtout connu pour son action militaire, notamment durant la bataille de Poitiers (732). Pourtant, l'histoire lui doit bien plus puisque c'est lui qui installe véritablement la future dynastie carolingienne dans les hautes sphères du pouvoir, malgré son statut d'enfant bâtard. Guerrier habile, il s'empare de l'héritage paternel et s'assure la soumission de l'aristocratie du royaume, dont celle du duc Eudes d'Aquitaine (vers 681-735) qui possède alors un territoire immense s'étendant du sud de la Loire jusqu'au Nord de l'Espagne actuelle. Il consolide également l'assise politique de sa famille en briguant le titre de maire du palais, ce qui fait de lui l'homme fort du royaume. Profitant de son ascendant sur les autres dignitaires du royaume, il fortifie son réseau de fidélité en concédant aux personnes qui le soutiennent des bénéfices sur les biens qu'il confisque au clergé.

À sa mort en 741, Charles Martel, bien plus chef de guerre que politique, a tout de même réussi à imposer sa famille au sommet de la hiérarchie franque.

| Charles Martel à la bataille de Poitiers, tableau de Charles Steuben, 1837.

LES ROIS CHEVELUS

La chevelure revêt une importance toute particulière dans les peuples germaniques, dont sont issus les Mérovingiens. Elle est en effet le signe d'appartenance à une classe sociale supérieure et serait la preuve de la détention d'une sorte de puissance magique. Les rois mérovingiens présentaient, pour la plupart, une telle toison au point que l'historiographie leur a attribué le surnom de rois chevelus. Il ne s'agit cependant pas d'un attribut uniquement royal, mais son absence chez le roi peut être mal perçue par ses sujets.

LA RÉFORME RELIGIEUSE

La perte de pouvoir des Mérovingiens est concomitante avec une réforme religieuse telle qu'on n'en a jamais vue dans le monde franc. Durant les premiers siècles de christianisation, la doctrine se forge doucement. C'est Charles Martel qui initie, le premier, la réforme qui sera réellement mise en place par Boniface (apôtre de la Germanie, archevêque de Mayence, vers 675-754), Carloman (frère de Pépin le Bref, vers 715-754/755) et Pépin le Bref. Elle porte sur deux points essentiels : le sort des biens de l'Église confisqués par Charles Martel et l'organisation du clergé.

Prenant pour modèle saint Augustin (docteur de l'Église latine, 354-430), Boniface organise une série de conciles afin de définir plus clairement la place du clergé dans la société. Pour y parvenir, les clercs doivent se dissocier des laïcs en adoptant un mode de vie exemplaire, sans concubinage, en se tenant loin des guerres, et en portant des habits propres à leur condition. Ils sont en outre invités à rejoindre une institution afin de vivre en communauté suivant une règle, et deviennent de ce fait les réguliers ou moines. Ceux qui ne veulent pas vivre dans une communauté deviennent des séculiers ou clercs. À côté de cela, le point essentiel de cette réforme est la mise en place de hiérarchies strictes qui font du clergé séculier et régulier un système pyramidal qui ne peut être remis en cause.

La confiscation des biens de l'Église orchestrée par Charles Martel et poursuivie par Pépin le Bref fait partie intégrante de cette réforme. Cela n'est bien évidemment pas du tout du goût de l'Église qui commence à s'opposer à lui. Pépin le Bref parvient toutefois à trouver un compromis en transformant les terres que lui et son père ont concédées à l'aristocratie en précaires (concession d'un bien immobilier demandé par un vassal à son suzerain ; le contrat ainsi passé est appelé « précaire », car il répond à la prière du demandeur). Les aristocrates jouissent donc de la terre, mais reconnaissent la détenir de l'Église et doivent par conséquent s'acquitter d'une redevance annuelle de douze deniers. Ainsi, personne ne condamne les confiscations puisque les terres appartiennent toujours au clergé. Ce dernier n'a d'autres choix que de se contenter gracieusement de ce compromis, lui qui doit sa récente montée en puissance au pouvoir carolingien.

LES DÉBUTS D'UNE POLITIQUE MONÉTAIRE ET LA REPRISE ÉCONOMIQUE

Les problèmes économiques que connaît la Gaule mérovingienne depuis la mort de Clovis sont intimement liés à la monnaie. En effet les métaux précieux (or ou argent) se font beaucoup plus rares que durant l'Antiquité, où l'on possédait une vaste main-d'œuvre et des filons encore prospères. À tel point qu'à partir du milieu du VIIe siècle, la frappe des monnaies en or s'arrête brutalement à cause de sa rareté, mais aussi parce qu'il est préférablement thésaurisé (orfèvrerie, trésors ecclésiastiques) plutôt que réinvesti dans de la monnaie. Les pièces sont dès lors frappées uniquement en argent ; ce monométallisme perdure jusqu'au Bas Moyen Âge (XIV-XVᵉ siècles).

Face à l'instabilité monétaire et à la multitude des frappes, Pépin le Bref essaie d'uniformiser la monnaie et de réattribuer au roi le monopole de la frappe, ce qui est essentiel pour contrôler l'économie. En 755, il édicte la première loi monétaire royale dans laquelle il impose non seulement la frappe royale, mais également l'uniformité du denier d'argent qui pèse désormais 1,22 gramme. Les effets de cette politique ne tardent pas à se faire sentir puisqu'on retrouve des monnaies carolingiennes au sud du royaume alors qu'auparavant elles restaient au niveau de la localité.

Au-delà de cette question financière, cette réforme est symptomatique de l'émergence d'une nouvelle zone économico-commerciale autour des grands centres du nord du royaume (Metz, Reims, Soissons, etc.) qui offre une alternative aux traditionnels centres commerciaux hérités de l'Empire romain au sud.

LA FIGURE CENTRALE DE PÉPIN LE BREF

L'action de Charles Martel préfigure largement l'œuvre de son fils Pépin le Bref, mais ce dernier demeure le vrai fondateur de la dynastie carolingienne. Celui-ci hérite du titre de maire du palais de Neustrie, tandis que son frère Carloman est lui maire du palais d'Austrasie jusqu'à ce qu'il devienne moine en 747. À cette date, Pépin le Bref devient maire du palais des deux royaumes et s'affirme de plus en plus comme un potentiel roi. Malgré un profond attachement de l'aristocratie à la sacralité du pouvoir royal, il parvient à juguler l'opposition liée au changement dynastique grâce au système vassalique mis en place par son père qui lui permet de distribuer de nombreux bénéfices pour calmer les puissants.

Chef conquérant, il parvient à agrandir son prestige grâce à ses victoires en Bavière et en Alémanie, dont il s'empare. Il reprend également Narbonne à l'émir de Cordoue entre 752 et 759, et fait campagne en Aquitaine chaque printemps entre 760 et 768. Quand il ne combat pas, il s'arrange pour tisser des pactes de non-agression avec les Saxons et les Bretons. Pépin possède désormais le prestige et l'autorité nécessaires pour satisfaire son ambition royale, mais il lui manque une chose capitale : la légitimité indispensable pour usurper le trône occupé par la dynastie mérovingienne qui, bien qu'affaiblie, n'en reste pas moins magique. Désireux de mettre en place une souveraineté sacrée chrétienne, il s'adresse au pape Zacharie (mort en 752), par l'intermédiaire de l'abbé Fulrad (mort en 784), qui soutient son projet. Alors, en 751, à Soissons, Pépin est élu par l'Assemblée franque et oint du saint chrême, qui est réservé ordinairement aux prêtres et aux évêques.

Les bonnes relations qu'entretiennent les Carolingiens avec la papauté sont l'œuvre du nouveau roi qui se fait sacrer une seconde fois dans l'abbaye de Saint-Denis en 754, des mains mêmes du pape Étienne II qui le nomme « patrice des Romains » (soit protecteur de la papauté) et l'encourage à intervenir en Italie afin de repousser les Lombards qui deviennent de plus en plus menaçants.

| Sacre de Pépin le Bref par le pape Étienne II à Saint-Denis, tableau de François Dubois 1837.

LES ÉTATS PONTIFICAUX

Les interventions armées de Pépin le Bref en Italie en 755 et en 757 permettent au pape de récupérer le duché de Rome, l'exarchat de Ravenne, l'Émilie et la Pentapole byzantine qui comprend Rimini, Pesaro, Fano, Sinigaglia et Ancône.

À la mort de Pépin le Bref en 768, le royaume des Francs, centré sur son espace nordique qui est le cœur des domaines royaux, apparaît comme une entité unifiée et puissante qui bénéficie de surcroît d'une alliance cruciale avec l'Église. En ce sens, il contribue dans une part importante à l'œuvre que Charlemagne mettra en place quelques années plus tard.

TEMPS FORTS

LA CONSOLIDATION DU POUVOIR ROYAL

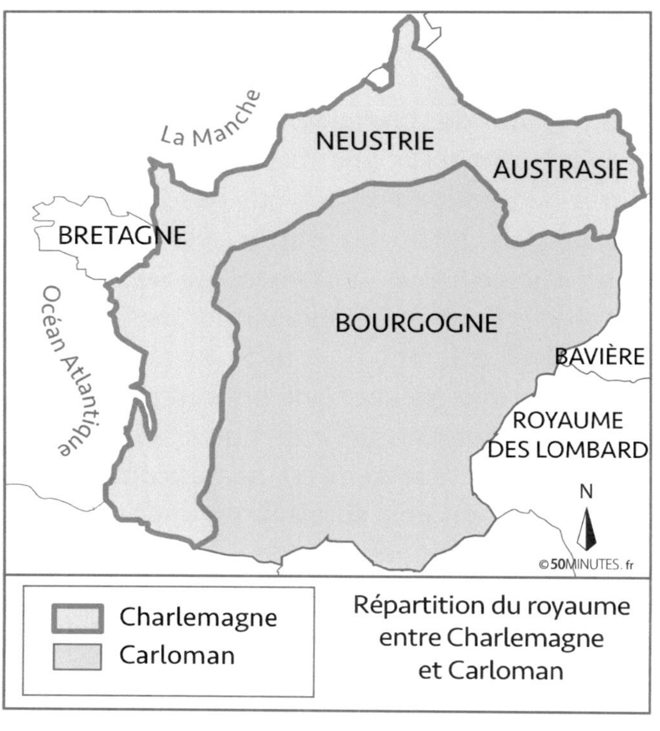

Répartition du royaume entre Charlemagne et Carloman

En 768, Charles et son frère Carloman héritent d'un royaume unifié qui possède de fortes bases territoriales, constituées par leur père, Pépin le Bref. Charles hérite de la Neustrie, de la majeure partie de l'Austrasie et d'une partie de l'Aquitaine. Carloman, quant à lui, hérite essentiellement de l'autre partie de l'Aquitaine, de la Bourgogne et de l'Alémanie.

Dès le début de son règne, Charles prend un ascendant certain sur son frère puisqu'il hérite des terres où l'assise géographique des Carolingiens est la plus forte. En outre, ses possessions enserrent celles de Carloman qui se sent par conséquent menacé. L'étau autour de Carloman se resserre d'autant plus suite au mariage que Charles contracte avec une princesse lombarde qui lui permet d'acquérir de nouvelles terres et d'encercler entièrement les possessions de son frère. Ces tensions auraient pu mener à une guerre fratricide, mais Carloman meurt avant que cela n'ait lieu. En 771, Charlemagne devient donc l'unique roi des Francs et se retrouve à la tête du *Regnum* Francorum (« royaume des Francs ») qu'il va se charger de renforcer grâce à la puissance de ses armées.

En 768, peu après le décès de son père, Charlemagne doit déjà faire face à la révolte de l'Aquitaine, où les élites issues de l'ancienne *nobilitas* ne se sont jamais satisfaites des mœurs des Francs qu'elles jugent barbares. Charles parvient sans trop de difficultés à ramener l'ordre dans cette partie de son royaume, et poursuit la consolidation de son autorité politique et morale. En 773, les troupes franques volent au secours du pape Adrien Ier, qui est menacé par les Lombards. De Genève, Charles franchit les Alpes au col du Grand-Saint-Bernard et met le siège devant Pavie, la capitale du roi Didier qui capitule en 774. Dans la foulée, Charlemagne se fait proclamer *Longobardum Rex* (« roi des Lombards »). Ayant ceint la couronne de fer, symbole du pouvoir royal lombard, il est désormais, en sus de son titre de *Patricius Romanorum* (« patrice des Romains »), roi des Francs et des Lombards.

PATRICIUS ROMANORUM

Ce terme trouve son origine dans la République romaine, où il désigne un citoyen qui appartient, par sa naissance, à la plus ancienne et la plus respectable classe sociale, ce qui lui permet d'occuper des fonctions et de jouir de différentes prérogatives religieuses et politiques. Mais la fin de la République marque le déclin de ces familles patriciennes. Constantin remplace alors cette distinction par une autre (patrice) qui se base un peu plus sur le mérite. En Occident, durant le Haut Moyen Âge, de nombreux aristocrates vont tenter de recevoir ce titre honorifique des mains du pape.

Les Carolingiens, et en particulier Charlemagne, ont su profiter des nombreuses guerres qu'ils ont menées contre les peuples voisins tant d'un point de vue économique que politique. Alors que les Mérovingiens peinaient à contrôler le butin gagné sur les peuples conquis, la nouvelle dynastie franque contrôle étroitement la redistribution des richesses et parvient même à créer un système de vassalité autour de ces récompenses et de ces bénéfices. La fidélité de l'aristocratie s'en trouve accrue, et le pouvoir carolingien augmente ses revenus en recevant régulièrement des « cadeaux » – qui s'apparentent plus à des tributs – de certains peuples qui achètent ainsi leur liberté (les Bretons ou les Slaves, par exemple).

Cet afflux de richesses devient de plus en plus conséquent à mesure que Charles et ses armées remportent des victoires. Ainsi, lors de la terrible guerre contre les Saxons (772), les Francs, après avoir détruit l'arbre sacré Irminsul, s'emparent du trésor qui y était conservé. Ils font de même lors de leur victoire contre les Avars, suite à laquelle ils s'emparent de leur fameux Ring (la capitale de leur peuple), qui selon Eginhard (vers 770-840) regorgeait d'immenses richesses. Ainsi, en s'appuyant sur ses victoires militaires et le modèle vassalique hérité de son père, Charles se retrouve à la tête d'un royaume puissant et très cohérent. Il possède désormais les moyens nécessaires à ses ambitions et les fait valoir durant cette année 800.

UN NOUVEAU DAVID : LE COURONNEMENT IMPÉRIAL

Avec ce couronnement impérial, Charles se positionne comme le pendant en Occident de l'empereur d'Orient qui est l'héritier légitime de l'Empire romain. Mais ce n'est pas tout : Charles incarne une sorte de nouveau David (deuxième roi d'Israël, vers 1010-vers 970 av. J.-C.) gouvernant un nouvel Israël. L'idée que le peuple franc est élu de Dieu apparaît déjà sous le règne de Pépin le Bref. Comme David, le roi juif n'est pas né roi, il le devient grâce à sa puissance et non grâce à sa naissance.

À la fin du VIIIe siècle, le Royaume franc fait déjà figure de territoire impérial tant il est étendu et politiquement stable. La guerre, qui a permis cette montée en puissance, sert désormais une idéologie nouvelle et vise à la reprise d'un empire chrétien tel qu'institué par Constantin. Les victoires franques deviennent la manifestation de la puissance du Christ et ont pour but l'instauration d'un nouvel Empire romain chrétien dirigé par les Francs et rassemblant toute la chrétienté occidentale. Selon Charlemagne, il ne peut y avoir d'unité que si elle est religieuse, et c'est en propageant le christianisme dans toute l'Europe occidentale que les peuples seront réunis au sein de l'Église. Les conseillers du roi, et Alcuin (vers 735-804) en particulier, jouent un rôle important dans la propagation de ce message auprès de l'élite franque.

C'est dans ce contexte que Charlemagne reçoit la couronne impériale le 25 décembre 800 des mains de Léon III. Cette cérémonie du sacre suit le modèle byzantin à la seule différence qu'il est interverti : selon le rite en vigueur à Constantinople, l'acclamation précède le couronnement. Or le pape a bien couronné Charles avant que la foule ne l'acclame. Si les Annales royales nous indiquent que le pape s'est tout de même soumis à la proskynèse (geste qui consiste à se prosterner devant une personne de rang supérieur), les sources pontificales n'en font pas état. Quoi qu'il en soit, Léon III affirme par ce moyen l'indépendance du pouvoir spirituel vis-à-vis du pouvoir temporel. C'est un élément important qui est l'une des composantes majeures de la société du Bas Moyen Âge. Cet épisode mécontente fortement Charlemagne qui y voit une remise en question de son pouvoir et de son autorité.

| Le Couronnement de Charlemagne, fresque de Raphaël.

À travers cela, on constate que Charlemagne et ses conseillers trouvent leurs inspirations impériales dans plusieurs modèles : l'Ancien Testament avec le roi David dont Charles est un nouvel avatar, l'Empire romain avec Auguste (63 av. J.-C.-14 apr. J.-C.) qui, comme Charles, a créé son empire, et puis surtout le modèle de l'empereur chrétien que sont Constantin et Dioclétien (245-313). Il serait par contre faux de voir en l'avènement de Charlemagne une volonté de réunifier l'ancien Empire romain. Son action s'inscrit clairement dans un cadre européen, et il a déjà bien conscience d'être à la tête d'un immense territoire qu'il est difficile d'organiser et au sein duquel il faut légiférer afin qu'il reste cohérent.

LA RENAISSANCE CAROLINGIENNE

Charlemagne, désormais à la tête d'un territoire immense unifié politiquement et relativement pacifié, entend s'inspirer de la culture antique originelle pour donner un élan culturel à son règne, si bien que l'on appelle ce renouveau la renaissance carolingienne.

Le territoire immense nécessite un gouvernement centralisé et efficace. En outre, Charlemagne affiche clairement sa volonté de légiférer en accordant une place prépondérante à l'écrit et au droit écrit. Ainsi, la police même de l'écriture officielle est modifiée afin de rendre plus clairs les capitulaires impériaux : la minuscule caroline, bien plus commode à lire, remplace désormais la cursive mérovingienne. Le nouvel empereur gouverne donc grâce à l'écrit et aux capitulaires qui sont diffusés dans le territoire par les vassaux de Charles, les *missi dominici*, qui sont également chargés de faire respecter ses ordonnances.

Cette révolution de l'écrit ne s'étend pas seulement au domaine législatif : dans les abbayes nouvellement construites, on étudie, on commente les textes anciens et on les enlumine habilement. La production artistique est alors florissante. Impulsées par le pouvoir carolingien, les enluminures constituent de véritables chefs-d'œuvre et sont rapidement commandées par les grands du royaume afin de garnir leur bibliothèque ou les trésors d'églises qui commencent à se constituer.

| *Le Christ en majesté*, enluminure extraite de l'*Évangéliaire* dit de Godescalc ou de Charlemagne, vers 781-783.

La peinture murale, les mosaïques, la sculpture, l'orfèvrerie et même l'architecture sont autant de domaines dans lesquels on assiste à un accroissement qualitatif et quantitatif de la production artistique, notamment grâce à l'école palatine d'Aix-la-Chapelle qui en est la clé de voûte.

De facto, la renaissance carolingienne se traduit par une explosion du nombre de sources écrites (législatives, politiques, religieuses), architecturales (le palais d'Aix-la-Chapelle, l'oratoire de Germigny-des-Prés, le porche de l'abbaye impériale de Lorsch, etc.), mais aussi artistiques avec une production qui n'a aucune commune mesure avec les siècles précédents. Il ne faut en aucun cas négliger cette impulsion donnée par Charlemagne et ses conseillers. En effet, de nombreux auteurs sont parvenus jusqu'à nous grâce à ce renouveau culturel.

L'ÉCOLE PALATINE

L'école palatine est une institution centrale dans la diffusion de la culture carolingienne. La plus ancienne se trouve à Aix-la-Chapelle depuis la fin du VIIIe siècle et subsiste là jusqu'au début du IXe siècle. Elle a été créée par Alcuin avec comme mission de former les futures élites ecclésiastiques et laïques destinées à gouverner l'empire. Il s'agit donc d'un véritable foyer intellectuel dans lequel se côtoient des architectes, des calligraphes ou encore des enlumineurs.

AIX-LA-CHAPELLE : LA NOUVELLE ROME

Charlemagne choisit Aix-la-Chapelle comme capitale politique et administrative dans les années 790. La ville a le mérite d'être située au cœur du royaume, non loin de la frontière saxonne, où Charlemagne mène des campagnes militaires chaque année. Par ce choix, il rompt en quelque sorte avec l'itinérance de la cour franque qui va traditionnellement de palais en palais.

Partant presque *ex nihilo*, Charles signifie clairement sa volonté, sur le plan architectural, d'un retour à un modèle antique gréco-romain. Le complexe palatial d'Aix-la-Chapelle voulu et imaginé par l'empereur et ses conseillers se veut une nouvelle Rome et en reprend certains modèles. Deux bâtiments principaux composent le complexe. Le premier, la *aula palatina* (salle de l'Assemblée dans laquelle se rassemblaient les vassaux), adopte le plan basilical romain par excellence que l'on peut encore admirer de nos jours à la Basilique Constantine de Trèves. Le second édifice remarquable est la chapelle palatine. Bâtie sur un plan octogonal, elle est somptueusement décorée de mosaïques, de peintures, d'or, mais également de colonnes antiques que Charlemagne fait spécialement transporter de Rome et de Ravenne afin de garnir son édifice et de posséder dans sa capitale des reliques de l'ancienne Rome.

Après tous ces efforts et ces années de chantier, il n'est donc pas étonnant qu'à partir de 806 l'empereur séjourne presque tout le temps dans sa nouvelle capitale impériale, de même que la cour. La chapelle palatine ainsi que la *aula palatina* incarnent les nouveaux lieux de pouvoir religieux et politique de l'empire.

En 813, alors que ses premiers fils sont morts (Pépin d'Italie et Charles), il décide d'associer au pouvoir son dernier fils, le futur Louis le Pieux, sans doute afin de ne pas donner au pape la possibilité de ceindre la couronne sur la tête du nouvel empereur, et donc de ne pas affirmer la supériorité du spirituel sur le temporel.

Le 28 janvier 814, Charlemagne meurt d'une pneumonie. Son empire immense passe dans les mains de son seul et unique fils survivant, Louis le Pieux.

RÉPERCUSSIONS

L'ÉCLATEMENT POLITIQUE DES GRANDS ENSEMBLES TERRITORIAUX

L'immense empire de Charlemagne ne lui survit que d'une seule génération. Son fils, Louis le Pieux, moins habile politiquement et militairement, n'arrive pas à consolider son pouvoir politique. Il a de plus trois fils (Pépin Ier d'Aquitaine, Lothaire Ier et Louis II le Germanique), auxquels il décide de léguer son héritage après l'avoir partagé comme le veut la tradition franque. Louis le Pieux associe son fils aîné Lothaire (795-855) au siège impérial et donne à ses cadets les monarchies frontalières que sont l'Aquitaine et la Bavière. Mais un nouvel héritier, Charles II le Chauve, vient remettre en cause ce partage en 823, et l'éclatement de l'empire de Charlemagne devient alors inévitable.

<u>La fin de la querelle entre les descendants de Charlemagne</u>

Le serment de Strasbourg en 842 marque la fin de la lutte entre les petits-fils de Charlemagne. Lothaire défait, Charles le Chauve et Louis le Germanique se rencontrent à Strasbourg afin de confirmer leur alliance devant leurs troupes. Charles et les soldats de Louis le prononcent en langue tudesque (future langue allemande), tandis que Louis et les soldats de Charles le prononcent en langue romane (future langue française). Ces formules consignées par Nithard (historiographe français, vers 800-844/845) dans son *Historiarum* re-présentent le plus ancien texte en langue française et allemande.

De ce morcellement territorial, sanctionné par le traité de Verdun en août 843, naît une Europe divisée en trois grandes parties : la Francie occidentale (futur royaume de France), la Francie médiane (une bande allant de l'Italie à la Frise et possédant le titre impérial, dont l'héritier sera le royaume de Bourgogne médiéval) et la Francie orientale (futur Saint Empire romain germanique).

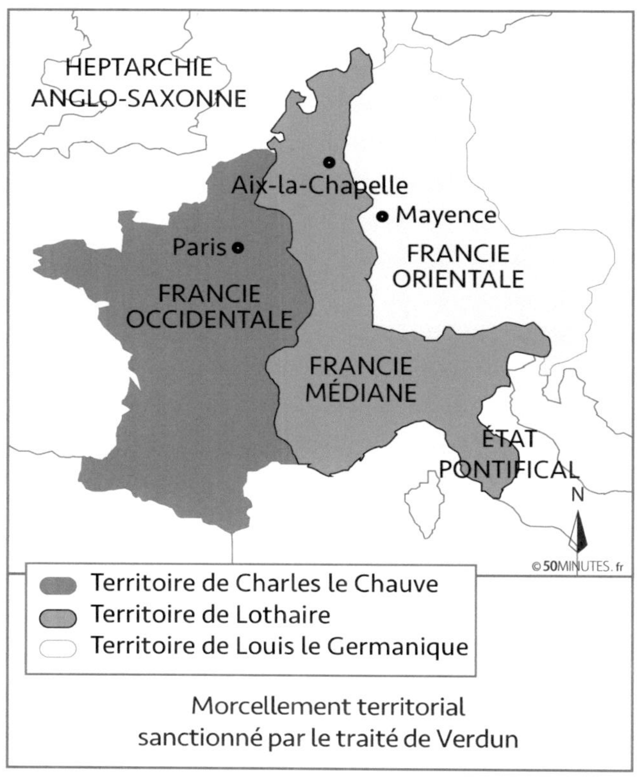

Morcellement territorial sanctionné par le traité de Verdun

C'est ainsi que naissent deux grands royaumes (le royaume de France et le Saint-Empire romain germanique) qui auront une influence considérable sur le découpage territorial européen dans les siècles suivants. Mais la centralisation et l'unification de ces deux royaumes prendront du temps car le morcellement politique de l'Empire carolingien a également pour conséquence de faire émerger une petite aristocratie locale qui s'affirme de plus en plus dans des régions situées en périphérie des grandes capitales.

LES FONDEMENTS DE LA VASSALITÉ MÉDIÉVALE

Les répercussions du règne de Charlemagne sont considérables au niveau politique au point qu'elles influencent l'ensemble du Moyen Âge. Les prémices de la féodalité mises en place par Charles Martel et Pépin le Bref trouvent un écho certain sous le règne de Charlemagne et encore bien davantage après sa mort. En effet, lorsque le pouvoir politique est assez fort pour maintenir une certaine cohérence, les vassaux se montrent plus dociles et servent par conséquent mieux le royaume. À l'inverse, lorsque le pouvoir s'effrite, certains grands seigneurs profitent de l'occasion pour tenter d'agrandir leur territoire.

Dans la seconde moitié du IXe siècle, alors que le pouvoir royal décline, les grandes familles aristocratiques se font concéder des fiefs de plus en plus importants, certains possédant même une quasi-indépendance. C'est le cas notamment de Robert le Fort (comte d'Anjou et de Blois, ancêtre de la dynastie des Capétiens, mort en 866) qui récupère la marche de Neustrie comprenant la Touraine, l'Anjou et le Maine. Ses fils Eudes (comte de Paris, vers 860 ou 864-898) et Robert (vers 860-923) deviendront rois des Francs. Les anciens membres de l'aristocratie carolingienne et ceux possédant des solidarités familiales avec eux profitent de l'occasion pour s'affirmer et se mettre au service des nouveaux potentats locaux qui émergent alors en nombre et qui eux-mêmes concèdent à des vassaux des comtés ou des duchés qui feront partie intégrante de l'échiquier politique durant tout le Moyen Âge et au-delà pour certains.

Cet éclatement politique ne se résorbe que suite à l'émergence de puissantes monarchies au XVe siècle qui parviennent à étouffer le désir d'indépendance de ces vassaux et à réunifier les anciens grands ensembles territoriaux de l'Empire carolingien.

SACRÉ CHARLEMAGNE : ENTRE CHANSONS DE GESTE ET LÉGENDES

Charlemagne devient rapidement un personnage quasiment mythique dans l'imaginaire collectif. Nombreux sont ceux qui revendiquent son héritage, et ce dès la mort de son fils Louis le Pieux. Il est ainsi très difficile de se faire une idée objective de l'empereur tant ce que l'on connaît de lui a été modifié au cours des siècles. Notre principale source d'information, la Vita Karoli Magni écrite entre 829 et 836, possède une orientation clairement hagiographique qui biaise la réalité et enjolive la vie de l'empereur, élevé au rang de héros. La béatification de Charlemagne obtenue par Frédéric Ier Barberousse (empereur germanique, 1122-1190) en 1165 et accomplie par l'antipape Pascal III (1100-1168) ne fait qu'accentuer ce mythe.

Et Charlemagne inventa l'école...

L'invention de l'école par Charlemagne constitue l'une des légendes les plus ancrées dans notre imaginaire collectif. Celle-ci a été forgée relativement tôt, puisque dès le IXe siècle, Nokter le Bègue (abbé de Saint-Gall et chroniqueur, vers 840-912) décrit les visites de l'empereur dans son école palatine d'Aix-la-Chapelle afin de s'assurer du bon travail des « écoliers » qu'il félicite ou sermonne. En réalité, Charlemagne prend effectivement des mesures en termes d'éducation puisqu'il essaie de rendre systématique la présence d'écoles rurales, par ailleurs préexistantes. Les légendes pullulent et ont été relayées par le pouvoir en fonction de ses intérêts propres. On a ainsi volontiers fait de l'empereur le fondateur de l'université de Paris, alors qu'il n'en est rien. De même, au XVe siècle, Louis XI (roi de France, 1423-1483) institue la Saint-Charlemagne comme journée des écoliers. Plusieurs siècles plus tard, la IIIe République et Jules Ferry (avocat et homme politique français, 1832-1893) font de Charlemagne l'instigateur de l'école gratuite et obligatoire pour tous. Dans la seconde moitié du

Mais la vision la plus mythique de Charlemagne se retrouve sans aucun doute dans les chansons de geste qui fleurissent au XIIᵉ siècle. La première, la *Chanson de Roland*, rédigée à la fin du XIᵉ et au début du XIIᵉ siècles, bien que reposant sur des faits historiques plutôt minces, reste le texte le plus connu traitant de Charlemagne. Le livre nous décrit un empereur débonnaire, généreux envers les justes et implacable lorsqu'il s'agit de défendre l'honneur et la chrétienté. On retrouve ici les thèmes évoqués dans la biographie d'Eginhard qui fait de Charles le parangon de la chrétienté et des vertus morales. Pourtant, la réalité est un peu plus nuancée : si le règne de Charlemagne est indubitablement le théâtre d'une révolution culturelle et artistique, il demeure que le roi des Francs a été beaucoup moins magnanime que sa légende le dit au cours de ses longs combats. La guerre qu'il mène contre les Saxons peut véritablement être considérée comme un conflit d'extermination que le peuple franc reconduit chaque année. Durant un peu plus de 30 ans, les Francs vont convertir de force les païens, abattre leurs idoles et massacrer les récalcitrants.

Au XIXe siècle, Charlemagne a été considéré par certains romantiques comme le père d'une Europe unifiée et chrétienne et, si cette vision est bien sûr biaisée, il n'en reste pas moins que le *Regnum Francorum* mis en place par l'empereur est un héritage dont se réclament encore aujourd'hui bon nombre de pays européens et le personnage qu'il incarne représente un trait d'union certain entre de nombreux peuples européens.

EN RÉSUMÉ

- En 768, suite à la mort de Pépin le Bref, Charles hérite avec son frère Carloman du *Regnum Francorum*.
- Dès le début de son règne, Charlemagne doit mater une révolte en Aquitaine et démontre déjà toutes ses compétences martiales.
- En 771, Carloman meurt et laisse à Charles le soin de gouverner l'ensemble du royaume des Francs.
- Désireux d'étendre son royaume, Charles se lance dans sa première campagne contre les Saxons en 772. La pacification totale de cette région n'interviendra qu'en 804.
- En 774, il vole au secours du pape, défait les Lombards et prend le titre de roi des Lombards.
- À partir de 794, Charlemagne réside plus régulièrement dans son palais d'Aix-la-Chapelle dont il souhaite faire une nouvelle Rome et qu'il érige en centre de son pouvoir politique et religieux, légiférant grâce à des capitulaires et envoyant ses *missi dominici* à travers tout son territoire.

- Le jour de Noël de l'an 800, Charles se fait sacrer empereur par le pape Léon III à Rome.
- Encourageant la culture et l'art, Charlemagne instigue un renouveau culturel et artistique sans commune mesure depuis la chute de l'Empire romain : c'est la renaissance carolingienne.
- Il règle lui-même sa succession en faisant sacrer, de son vivant, son seul fils survivant, le futur Louis le Pieux, qui hérite à sa mort en 814 d'un immense territoire unifié et possédant de solides fondations, mais qui ne subsistera guère plus d'une génération.

Votre avis nous intéresse !
Laissez un commentaire sur le site de votre
librairie en ligne et partagez vos coups de cœur sur
les réseaux sociaux !

POUR ALLER PLUS LOIN

SOURCES BIBLIOGRAPHIQUES

- FAVIER (Jean), *Charlemagne*, Paris, Fayard, 1999.

- FOLZ (Robert), *Le couronnement impérial de Charlemagne*, Paris, Gallimard, 1987.

- HALPHEN (Louis), *Charlemagne et l'Empire carolingien*, Paris, Albin Michel.

- MINOIS (Georges), *Charlemagne*, Paris, Perrin, 2010.

SOURCES COMPLÉMENTAIRES

- EGINHARD, *Annales d'Eginhard ; Vie de Charlemagne. Des faits et gestes de Charlemagne*, Paris, J.-L. Brière, 1824.

- HINCMAR DE REIMS, *Annales de l'Europe carolingienne*, édition de François Guizot, Clermont-Ferrand, Paléo Éditions, 2002.

- NITHARD, *Histoire des fils de Louis le Pieux*, édition et traduction de Philippe Lauer, Paris, Les Belles Lettres, 1926.

- TOURS (Grégoire de), *L'histoire des Francs*, édition de Robert Latouche, Paris, Les Belles lettres, 1995.

SOURCES ICONOGRAPHIQUES

- *L'Empereur Charlemagne*, tableau d'Albrecht Dürer, 1511-1513. La photo reproduite est réputée libre de droits.

- *Charlemagne reçoit la soumission de Widukind de Paderbom*, tableau d'Arry Sheffer, 1840. La photo reproduite est réputée libre de droits.

- *Couronnement de Charlemagne par le pape Léon III*. La photo reproduite est réputée libre de droits.

- *Charles Martel à la bataille de Poitiers*, tableau de Charles Steuben, 1837. La photo reproduite est réputée libre de droits.

- *Sacre de Pépin le Bref par le pape Étienne II à Saint-Denis*, tableau de François Dubois 1837. La photo reproduite est réputée libre de droits.

- *Le Couronnement de Charlemagne*, fresque de Raphaël. La photo reproduite est réputée libre de droits.

- *Le Christ en majesté*, enluminure extraite de l'*Évangéliaire* dit de Godescalc ou de Charlemagne, vers 781-783. La photo reproduite est réputée libre de droits.

FILM ET DOCUMENTAIRES

- *Charlemagne, le prince à cheval*, documentaire de Clive Donner, France, 1993.

- *Charlemagne*, documentaire réalisé par Gabriele Wengler, France, 2013.

- « Sacré Charlemagne », in *Secrets d'Histoire*, France, 2015.

ISBN ebook : 978-2-8062-7696-4
ISBN papier : 978-2-8062-7697-1
Dépôt légal : D/2016/12603/103
Photo de couverture : *Carolo Magno* © Domaine public.

Conception numérique : Primento,
le partenaire numérique des éditeurs